CONSONANTS SOUND EASY!

a phonics **WORKBOOK**

for beginning E.S.L.

students

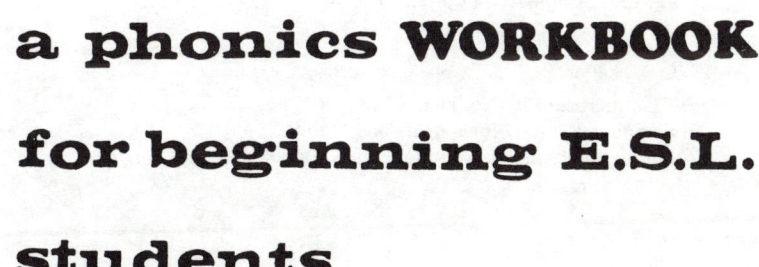

by sharron bassano

illustrated by craig cornell

Alemany Press

Prentice Hall Regents, Englewood Cliffs, NJ 07632

© 1980 by Alemany Press
Published by Prentice-Hall Regents
A Division of Simon & Schuster
Englewood Cliffs, NJ 07632

All rights reserved. No part of this book may be reproduced, in any form or by any means, without permission in writing from the publisher.

Printed in the United States of America

10 9 8 7 6 5 4 3 2

ISBN 0-13-171091-5

Prentice-Hall International (UK) Limited, *London*
Prentice-Hall of Australia Pty. Limited, *Sydney*
Prentice-Hall Canada Inc., *Toronto*
Prentice-Hall Hispanoamericana, S.A., *Mexico*
Prentice-Hall of India Private Limited, *New Delhi*
Prentice-Hall of Japan, Inc., *Tokyo*
Simon & Schuster Asia Pte. Ltd., *Signapore*
Editora Prentice-Hall do Brasil, Ltda., *Rio de Janeiro*

CONTENTS

Who's this book for? i
How to use this book ii

Alphabet Page v

B C D F 1
G L M P 2
Review B C D F G L M P 3
T H S K 4
Review B C D F G L M P T H S K 5
R J N V and Review 6
Q W X Z and Review 7
Review 8
Review 9
Y — Two Sounds 10
G — Two Sounds 11
Two Sounds 12
P and B Contrast 13
T and D Contrast 14
G and CK Contrast 15
L and R Contrast 16
J and H Contrast 17
V and W Contrast 18
B and V Contrast 19
SH and CH Contrast 20
PH and TH 21
Review 22
Review 23
Review 24
Review 25
Dictation and Answer Key 26

Who's this book for?

This workbook was created especially for beginning ESL students of non-academic backgrounds — students who are often mystified by texts, exercise books and worksheets.

Our aim is to introduce the 21 English consonants to non-native speakers and give them recognition of the sounds they most commonly produce.

We assume that many of our pictures will be easily identified orally by at least some of your students, and we hope the illustration style and content are interesting to them.

In this book you will not find arrows, charts or diagrams. There are no detailed instructions, complicated spelling rules or fine print. We have included only the basics for two reasons: Only you, the teacher, can know how much "explanation" your students can handle. Only you know the best way to ensure comprehension in your students based on your knowledge of their background, class experiences, and goals. We leave instruction up to you and your particular style. We hope our format will allow spelling rules to be inferred or deduced by your students, and we also hope that our plain, uncluttered format will eliminate the confusion and anxiety often experienced by semi-literate students when they are faced with ordinary workbooks. This book is intended to bring feelings of immediate success and achievement through its easy to follow pages, and to encourage study well beyond this introductory experience.

How to use this book·

General Instructions

Begin each exercise by referring your students to the alphabet page. Isolate the consonants to be practiced that day by writing them on the board and by pointing out their number on the alphabet page. Ask them to repeat with you the name and the sound of the letters. For example:

"Number 6 — The name is H (aich), The sound is /hə/
Number 7 — The name is J (jay), The sound is /jə/"

Have the students write in the small boxes provided on the alphabet page a **near** equivilent in their own native sound system as a reminder. For example, a Spanish speaker would write:

6.) H   eich   ja

7.) J   chei   cha

You might then want to write on the board, for example,
H J H J HH J H JJJ H J
and practice aloud with the students both the name and the sound as a reinforcement:

"aich" "jay" "aich" "jay" "aich" "aich" "jay", etc.
/hə/ /jə/ /hə/ /jə/ /hə/ /hə/ /jə/, etc.

or, move on to the specific instructions and continue the exercise for your selected consonants page.

ii

Specific Instructions

Pages 1 through 7

1. Dictate the letters' names at random (after following the above introduction) and ask the students to write them on lines 1-8 under "Name".

2. Pronounce the sound that the letters make, asking the students to write the letter that produces each sound on lines 1 to 8 in the "Sound Column." (Obviously, it will be necessary to tack on a vowel to each consonant in order to pronounce it. We feel that the /ə/ (as in but) is possibly the most practical, as it is the most common vowel sound in our language. In other words, to pronounce the sounds, you will be dictating, "/bə/, /kə/, /də/, /fə/" for page 1.

> NOTE**
>
> To give your students instant feedback on their work, and to prevent any confusion, always write the correct answer on the board a few seconds after each letter is dictated — before going on to the next one. Remember, we are teaching, not testing — we are making learning easy, not ego-deflating! Let them **see** how they are doing **as** they are doing it. As they gain more confidence and skill, then you can save "correction" for the end of the exercise.

3. The next step is to dictate the name of the picture — or better yet, ask your students to tell **you** the name. More often than not, they already know it orally. See if they can fill in the blank spaces with the correct consonants taken from the top of the page. (Some groups will need more help than others to get started, but you know what your particular people need and respond to best!) When they are finished, read them again in chorus or as single volunteers to reinforce the sounds.

4. The next section is a little harder, in that there are no visual cues to meaning. Some classes are ready for this — some are not. Get them started and just see how they do as a **guessing game.** Tell them that, for the moment, meaning is not important — that it is merely an exercise in transcribing and recognizing sounds and symbols — and that's okay in this particular context. Most of the words in this section are common every day words that will come up in books one or two in your text series. Other words are more obscure, but are given as practice.

Pages 8 and 9

These review pages are conducted exactly like the picture section outlined above, and contain only those consonants already practiced. After all pictures have been labeled, read them through again all together or have a couple of volunteers read them. Then, you might try a sort of "Bingo", calling out the labels at random having the students "x" them out. Those that read quickly will look for the words, others will go by the pictures. Still others will look at their neighbor's paper to see what he or she is doing — and that's all okay. There are a million ways to learn!

Pages 10, 11, and 12

These pages introduce three letters that have two sounds each. We offer no explanation of how or why or when, only an awareness that sometimes they are different. Again, how much explanation you give them is up to you. Determine the label for each picture (one of your students might know — give them first chance to name them), and assist them to fill in the letters. The letters to be filled in will be the featured letter plus others that they have already learned.

Pages 13 — 20

These pages feature minimal pairs which are often confused both in writing and in speaking. Each picture and each dictation will contain a blank space (or spaces) which are to be filled **only** by the minimal pair letters. ie. — only B or P, only R or L. No other letters are needed. Conduct these pages as suggested above.

Page 21

This page briefly indicates for your students how 'T' and 'H', when combined, do not carry the already learned sounds, but produce something entirely different. The combination of 'P' and 'H' as /f/ is also presented. They are given on the same page because of their common variability, not because they are similar.

Pages 22 — 25

These pages contain all the sounds which have been introduced, and are to be conducted the same as pages 8 and 9.

Alphabet Page

LETTER NAME: SOUNDS LIKE: LETTER NAME: SOUNDS LIKE:

1.)   B   □   □   12.) P   □   □

2.)   C   □   □   13.) Q   □   □

3.)   D   □   □   14.) R   □   □

4.)   F   □   □   15.) S   □   □

5.)   G   □   □   16.) T   □   □

6.)   H   □   □   17.) V   □   □

7.)   J   □   □   18.) W   □   □

8.)   K   □   □   19.) X   □   □

9.)   L   □   □   20.) Y   □   □

10.) M   □   □   21.) Z   □   □

11.) N   □   □

BCDF

Name   Sound

1. _____   5. _____   1. _____   5. _____

2. _____   6. _____   2. _____   6. _____

3. _____   7. _____   3. _____   7. _____

4. _____   8. _____   4. _____   8. _____

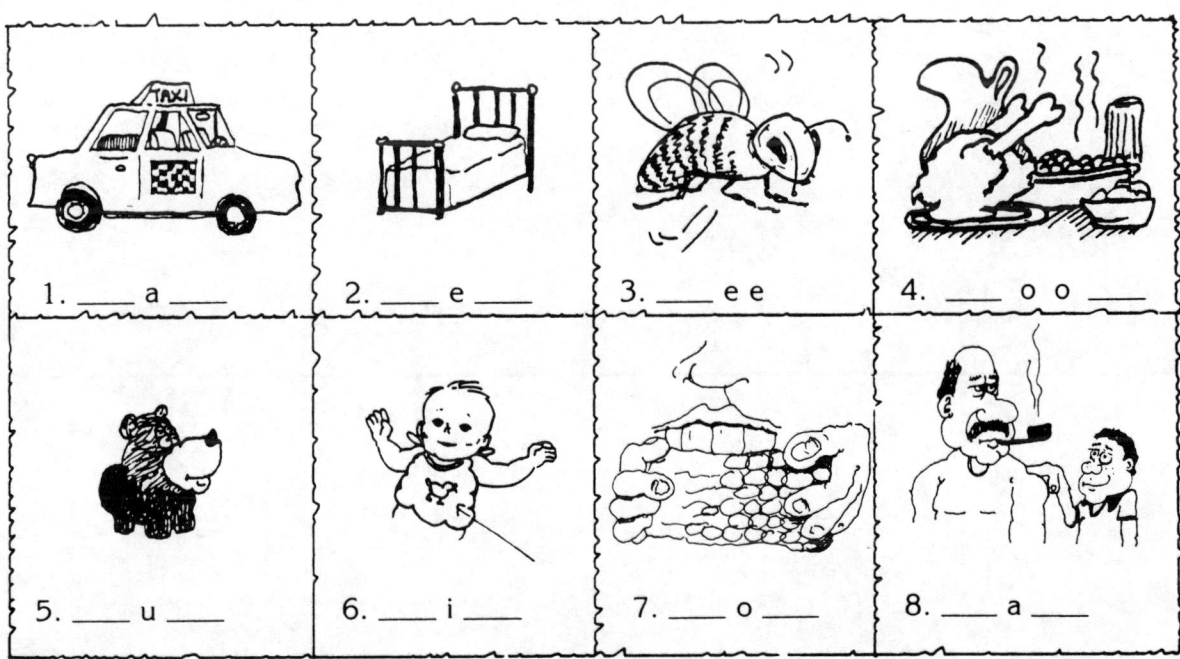

1. ___ a ___   2. ___ e ___   3. ___ e e ___   4. ___ o o ___

5. ___ u ___   6. ___ i ___   7. ___ o ___   8. ___ a ___

1. ___ o ___   6. ___ u f ___   11. ___ i ___

2. ___ a ___   7. ___ e a ___   12. ___ a ___

3. ___ i ___   8. ___ u ___   13. ___ i ___

4. ___ a ___   9. ___ e ___   14. ___ u ___

5. ___ u ___   10. ___ a ___   15. ___ o ___

G L M P

Name   Sound

1. _____   5. _____   1. _____   5. _____

2. _____   6. _____   2. _____   6. _____

3. _____   7. _____   3. _____   7. _____

4. _____   8. _____   4. _____   8. _____

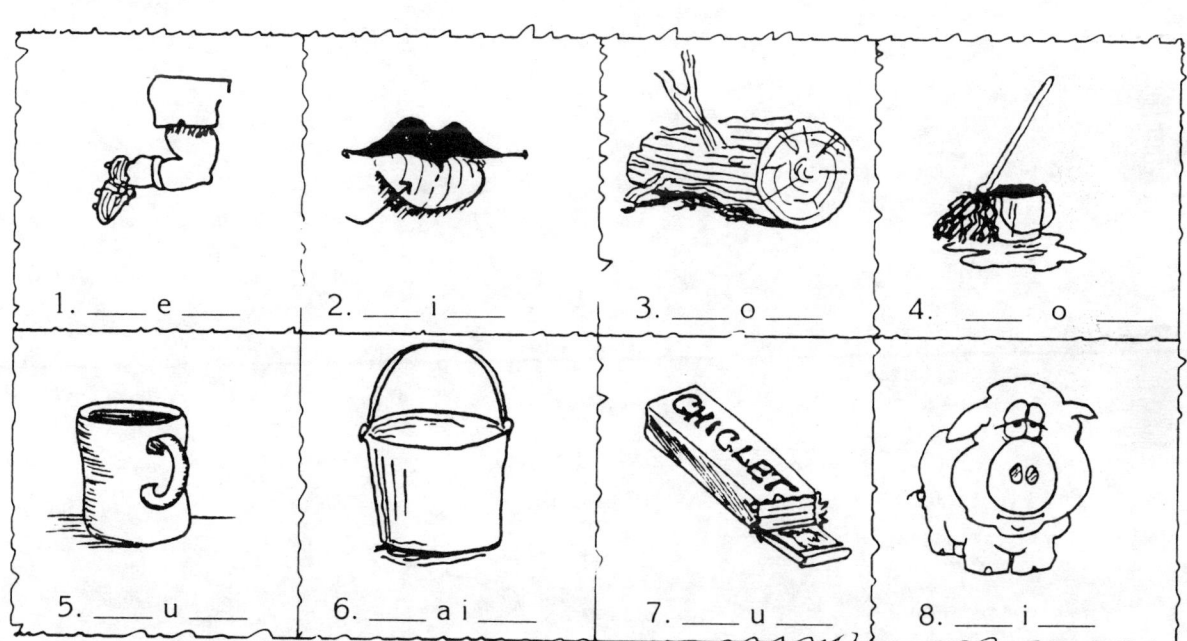

1. ___ e ___   2. ___ i ___   3. ___ o ___   4. ___ o ___

5. ___ u ___   6. ___ a i ___   7. ___ u ___   8. ___ i ___

1. ___ a ___   6. ___ a ___   11. ___ e ___

2. ___ a ___   7. ___ o ___   12. ___ u l ___

3. ___ a i ___   8. ___ a ___   13. ___ u ___

4. ___ a ___   9. ___ a ___   14. ___ a ___

5. ___ u l ___   10. ___ a ___   15. ___ o o ___

2

review
B C D F G L M P

Name   Sound

1. _____   5. _____   1. _____   5. _____

2. _____   6. _____   2. _____   6. _____

3. _____   7. _____   3. _____   7. _____

4. _____   8. _____   4. _____   8. _____

1. ___ a ___   2. ___ o ___   3. ___ u ___   4. ___ o ___

   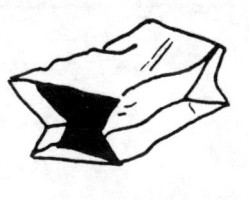

5. ___ a ___   6. ___ i ___   7. ___ a ___   8. ___ a ___

1. ___ o ___   6. ___ a ___   11. ___ i l ___

2. ___ a ___   7. ___ e ___   12. ___ a ___

3. ___ o ___   8. ___ u ___   13. ___ o ___

4. ___ e a ___   9. ___ i ___   14. ___ u ___

5. ___ o ___   10. ___ a ___   15. ___ u ___

T H S K

Name						Sound

1. _____		5. _____		1. _____		5. _____

2. _____		6. _____		2. _____		6. _____

3. _____		7. _____		3. _____		7. _____

4. _____		8. _____		4. _____		8. _____

1. ___ a c ___

2. ___ a ___

3. ___ i ___

4. ___ e a ___

5. ___ a c ___

6. ___ i ___

7. ___ i ___

8. ___ o c ___

1. ___ o i ___		6. ___ o o ___		11. ___ i ___

2. ___ i c ___		7. ___ u c ___		12. ___ o ___

3. ___ i ___		8. ___ o s ___		13. ___ i c ___

4. ___ i c ___		9. ___ a c ___		14. ___ a ___

5. ___ a s ___		10. ___ i s ___		15. ___ o c ___

4

review
B C D F G L M P T H S K

Name Sound

1. _____ 5. _____ 1. _____ 5. _____

2. _____ 6. _____ 2. _____ 6. _____

3. _____ 7. _____ 3. _____ 7. _____

4. _____ 8. _____ 4. _____ 8. _____

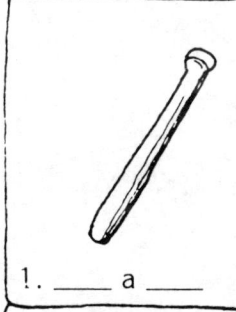 1. ___ a ___

 2. ___ o a ___

 3. ___ i c ___

 4. ___ a ___

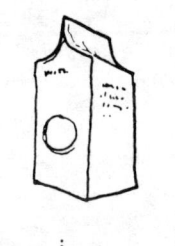 5. ___ i ___ ___

 6. ___ a ___

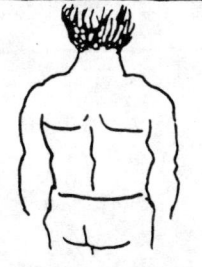 7. ___ a c ___

 8. ___ o ___

1. ___ a ___ 6. ___ i ___ 11. ___ i c ___

2. ___ o ___ 7. ___ a l ___ 12. ___ e ___

3. ___ i ___ 8. ___ i ___ ___ 13. ___ i ___

4. ___ i c ___ 9. ___ o ___ 14. ___ o c ___

5. ___ o a ___ 10. ___ o f ___ 15. ___ a ___

5

R J N V plus review

Name Sound

1. _____   5. _____   1. _____   5. _____

2. _____   6. _____   2. _____   6. _____

3. _____   7. _____   3. _____   7. _____

4. _____   8. _____   4. _____   8. _____

1. ___ u ___   2. ___ u ___   3. ___ a ___   4. ___ e ___

5. ___ u m ___   6. ___ e s ___   7. ___ a ___   8. ___ u ___

1. ___ a ___   6. ___ o ___   11. ___ a ___

2. ___ e ___   7. ___ a ___   12. ___ o ___

3. ___ i ___   8. ___ a i ___   13. ___ o h ___

4. ___ a ___   9. ___ o o ___   14. ___ u i ___

5. ___ e i ___   10. ___ a ___   15. ___ a c ___

6

Q W X Z plus review

Name   Sound

1. _____   5. _____   1. _____   5. _____
2. _____   6. _____   2. _____   6. _____
3. _____   7. _____   3. _____   7. _____
4. _____   8. _____   4. _____   8. _____

1. ___ i ___	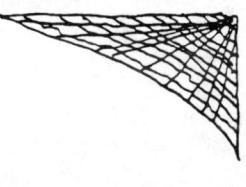 2. ___ e ___	 3. ___ u e e ___	 4. ___ o ___
 5. ___ o o ___	 6. ___ o ___	 7. ___ a l ___	 8. ___ i ___

1. ___ u i ___   6. ___ a ___   11. ___ i c ___
2. ___ e ___   7. ___ a ___ e   12. ___ a ___ e
3. ___ i ___   8. ___ u i ___   13. a ___
4. ___ i ___ e   9. ___ i ___   14. ___ h i ___
5. ___ i ___   10. ___ a ___   15. ___ u i ___

7

REVIEW

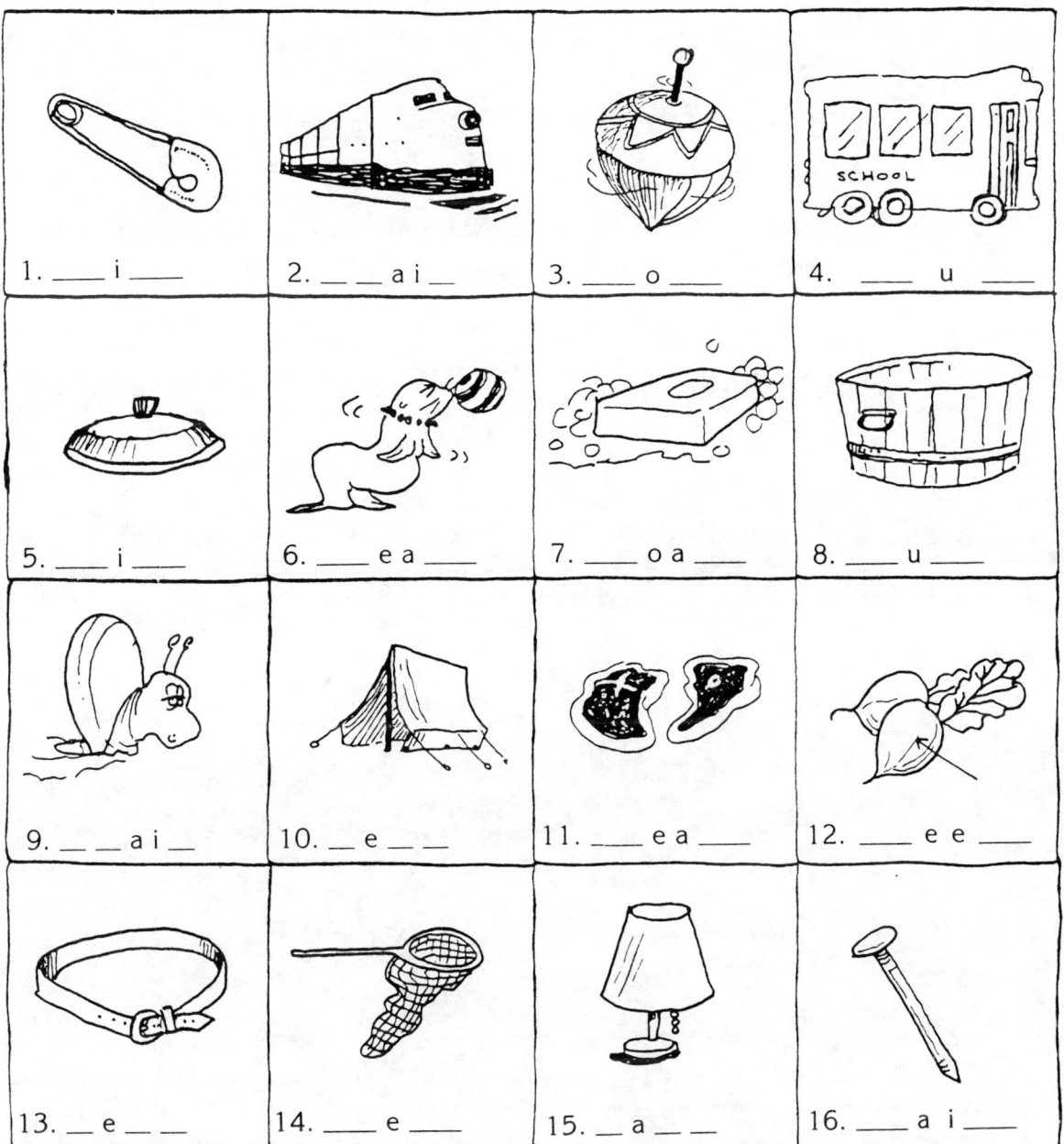

REVIEW

1. __ o __ e
2. __ a __
3. __ o c
4. __ e e __
5. __ a __
6. __ e a
7. __ i c __
8. __ e a
9. __ e __ __
10. __ o c
11. __ u __
12. __ o __
13. __ a __
14. __ o a __
15. a __ __
16. __ u i __

  sound 1  b a b **y**

sound 2  4. **y** o u

1. ___ e a ___
2. ___ a ___
3. ___ e l ___
4. ___ o ___
5. ___ a ___
6. ___ a ___
7. ___ o l ___
8. ___ a ___

1. ___ o u
2. ___ a ___
3. ___ r ___
4. ___ a ___
5. ___ e ___

6. ___ a ___
7. ___ e ___
8. ___ a ___
9. ___ a ___
10. ___ o u ___

11. ___ i ___
12. ___ a p ___
13. ___ e l ___ o w
14. ___ a ___
15. ___ u ___

10

 sound 1 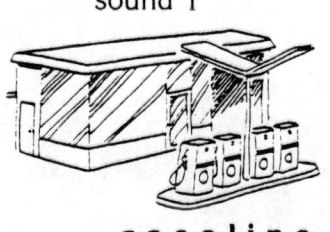 sound 2

g a s o l i n e   o r a n g e

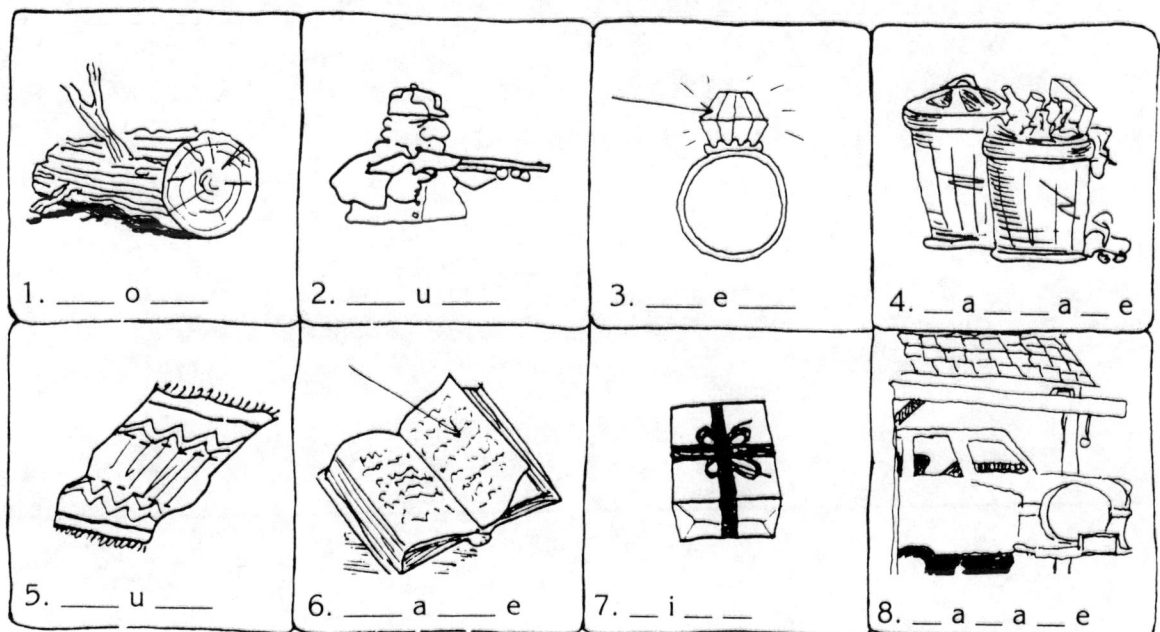

1. ___ o ___   2. ___ u ___   3. ___ e ___   4. ___ a ___ a ___ e

5. ___ u ___   6. ___ a ___ e   7. ___ i ___   8. ___ a ___ a ___ e

1. ___ o ___   6. ___ e o ___ ___ e   11. ___ o o ___

2. a ___ e   7. ___ u ___   12. ___ i ___ a

3. ___ a y   8. ___ i ___   13. ___ a ___

4. ___ i ___   9. ___ e ___   14. ___ a ___

5. ___ e ___ e   10. ___ u ___   15. ___ i ___

C

sound 1 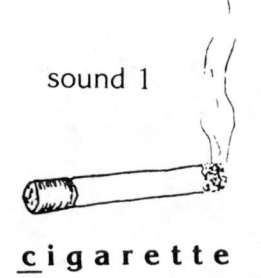
<u>c</u> i g a r e t t e

sound 2 
<u>c</u> a n

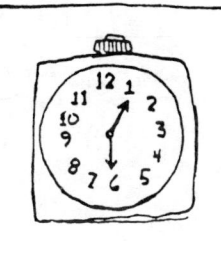

1. __ o __ k
2. __ e __ i __ 
3. __ u __ 
4. __ u i __ e 
5. __ u __ k 
6. i __ e __ r e a __ 
7. __ i __ y __ l e 
8. __ a __ k 

1. __ a r	6. __ i __ e	11. __ a __ __ y
2. __ o __	7. __ a __ __ e	12. __ __ i __ e
3. __ i __ a __	8. __ __ u __ y	13. __ o __ a · __ o __ a
4. __ __ i __ y	9. __ __ a __ e	14. __ __ a __ y
5. __ __ i __ k	10. __ __ a __ d y	15. __ i __ y

12

P B

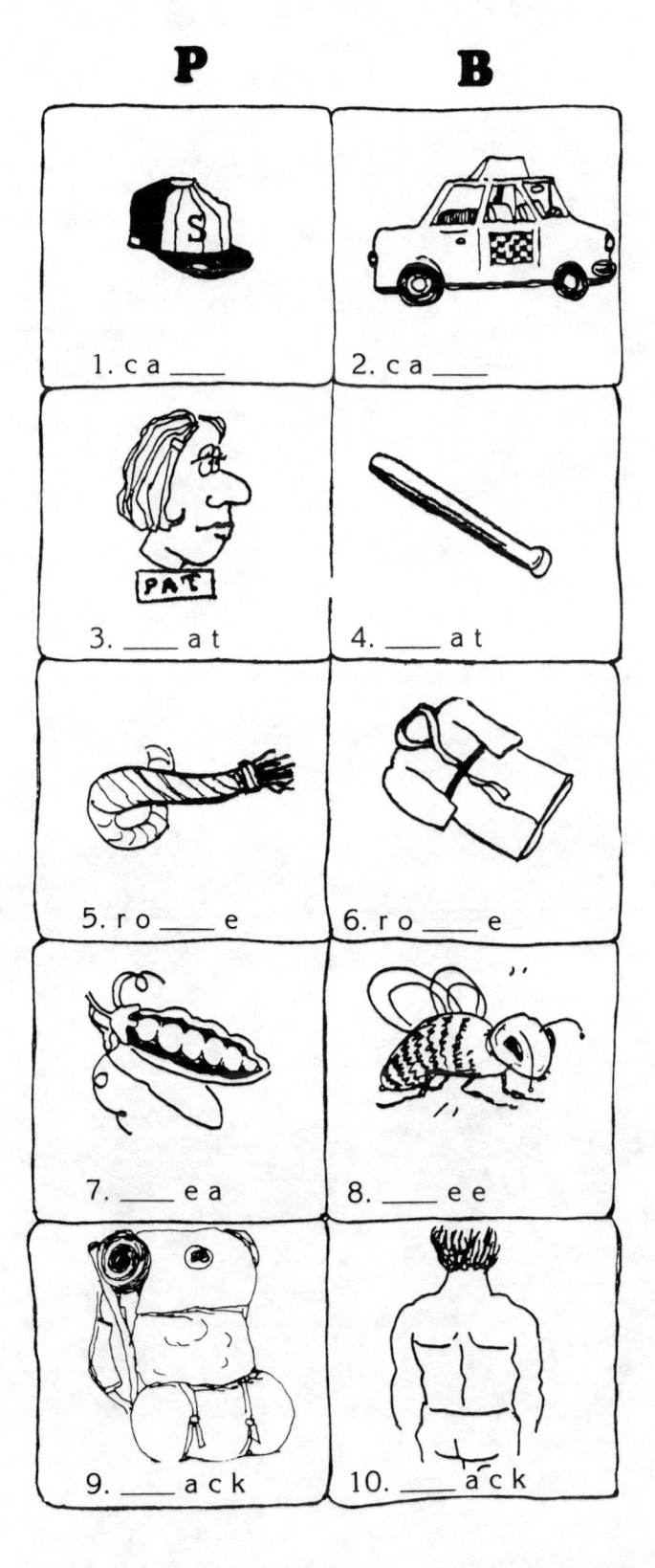

1. c a ___
2. c a ___
3. ___ a t
4. ___ a t
5. r o ___ e
6. r o ___ e
7. ___ e a
8. ___ e e
9. ___ a c k
10. ___ a c k

P·B

1. ___ e a c h
2. ___ a t h
3. ___ i e
4. ___ i l l
5. m o ___
6. t a ___
7. ___ e a c h
8. ___ i l l
9. ___ o l e
10. c o ___
11. ___ a t h
12. ___ u y
13. ___ o w l
14. c o ___
15. m o ___

13

D   T

1. s e e ___
2. s e a ___
3. b e a ___ s
4. b e e ___ s
5. b e ___
6. b e ___
7. ___ i m e
8. ___ i m e
9. ___ e n ___
10. ___ e n ___

D · T

1. ___ i e
2. l e ___
3. h a ___
4. ___ e n
5. ___ r y
6. ___ e n
7. h i ___
8. ___ i e
9. ___ r y
10. c a r ___
11. h i ___
12. h a ___
13. l e ___
14. ___ o t
15. c a r ___

14

G   CK

1. wi ___
2. wi ___ 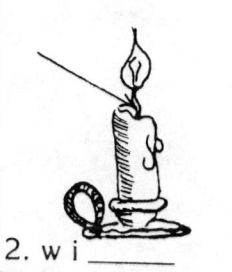
3. ra ___ 
4. ra ___ 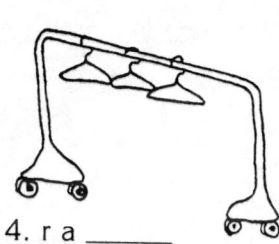
5. pi ___ 
6. pi ___ 
7. ba ___ 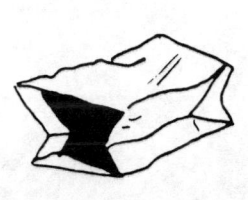
8. ba ___ 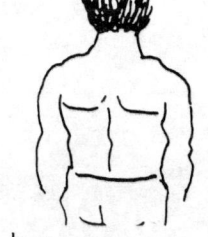
9. ta ___ 
10. ta ___ 

G·CK

1. ha ___
2. la ___
3. bu ___
4. fro ___
5. lu ___
6. pe ___
7. ha ___
8. lu ___
9. bu ___
10. sha ___
11. sha ___
12. la ___
13. wa ___
14. fro ___
15. pe ___

L R

1. ___ o c k
2. ___ o c k
3. b i ___
4. b e e ___
5. ___ i p
6. ___ i p
7. f i ___ e
8. f i ___ e
9. ___ a k e
10. ___ a k e

L·R

1. ___ a c e
2. d i ___
3. ___ o o m
4. ___ e a p
5. ___ e a f
6. ___ a s h
7. t i ___ e
8. ___ e a p
9. s t o ___ e
10. ___ a s h
11. ___ o o m
12. s t o ___ e
13. ___ a c e
14. d e e ___
15. ___ e e f

16

H   J

1. ___ a m
2. ___ a m
3. ___ u g
4. ___ u g
5. ___ u m p
6. ___ u m p
7. ___ i l l
8. ___ i l l

My name is ....

9. ___ a y
10. ___ a y

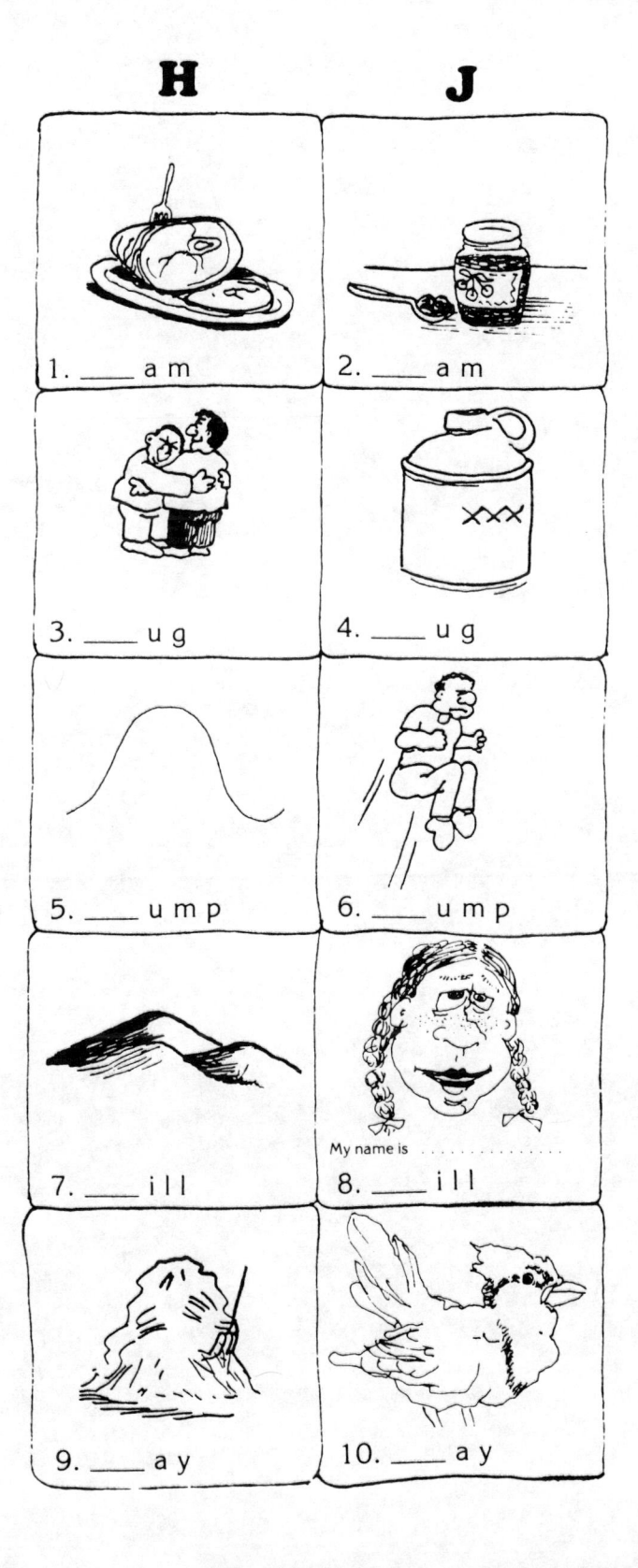

J·H

1. ___ a i l
2. ___ a w
3. ___ e
4. ___ e l l · o
5. ___ a d
6. ___ u i c e
7. ___ o b
8. ___ a t
9. ___ a c k
10. ___ e l l o
11. ___ e e r
12. ___ a i l
13. ___ o k e
14. ___ e s t
15. ___ e a r

17

v w

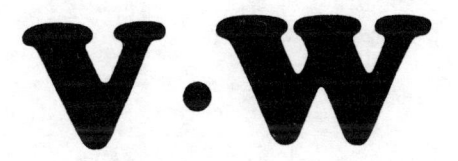

1. ___ e s t
2. ___ e s t
3. ___ e i l
4. ___ a i l
5. ___ i n e
6. ___ i n e
7. ___ i p e r
8. ___ i p e r
9. ___ e t
10. ___ e t

v·w

1. ___ e r y
2. ___ e
3. ___ e n t
4. ___ h y
5. ___ i s e r
6. ___ i e
7. ___ o w
8. ___ e n t
9. ___ h i l e
10. s t o ___
11. s t o ___ e
12. ___ a r y
13. ___ i l e
14. ___ i s o r
15. ___ o ___ e

18

B   V

1. ___ at
2. ___ at
3. ___ oat
4. ___ ote
5. ___ est
6. ___ est
7. ___ an
8. ___ an
9. cur ___
10. cur ___ e

B·V

1. ___ a ___ y
2. ___ ine
3. ___ iew
4. ro ___ e
5. sto ___ e
6. ra ___ e
7. ___ oy
8. ___ utter
9. lo ___ e
10. ___ alley
11. ___ rown
12. mo ___
13. ___ ery
14. ___ ottle
15. ___ erry

SH   CH

1. ___ ___ o e
2. ___ ___ e w
3. ___ ___ e e p
4. ___ ___ e a p
5. w a ___ ___
6. w a t ___ ___
7. c a ___ ___
8. c a t ___ ___
9. ___ ___ e r r y
10. ___ ___ e r r y

SH
CH

1. ___ ___ a i r
2. ___ ___ o p
3. ___ ___ e e t
4. ___ ___ i n
5. ___ ___ o p
6. d i t ___ ___
7. ___ ___ e a t
8. d i ___ ___
9. ___ ___ e e s e
10. w i ___ ___
11. ___ ___ a r e
12. w i t ___ ___
13. ___ ___ e
14. ___ ___ i n
15. f i ___ ___

20

PH   TH

1. ele___ant
2. tele___one
3. ___read
4. ___in
5. ___otogra___
6. ___armacy
7. tee___
8. ___ree

1. telegra___
2. al___abet
3. bo___
4. ___onogra___
5. ___ank you
6. ma___
7. ___illip
8. ___ick
9. ___umb
10. ___rase
11. ___row
12. ___ink
13. gra___
14. ba___
15. wi___

21

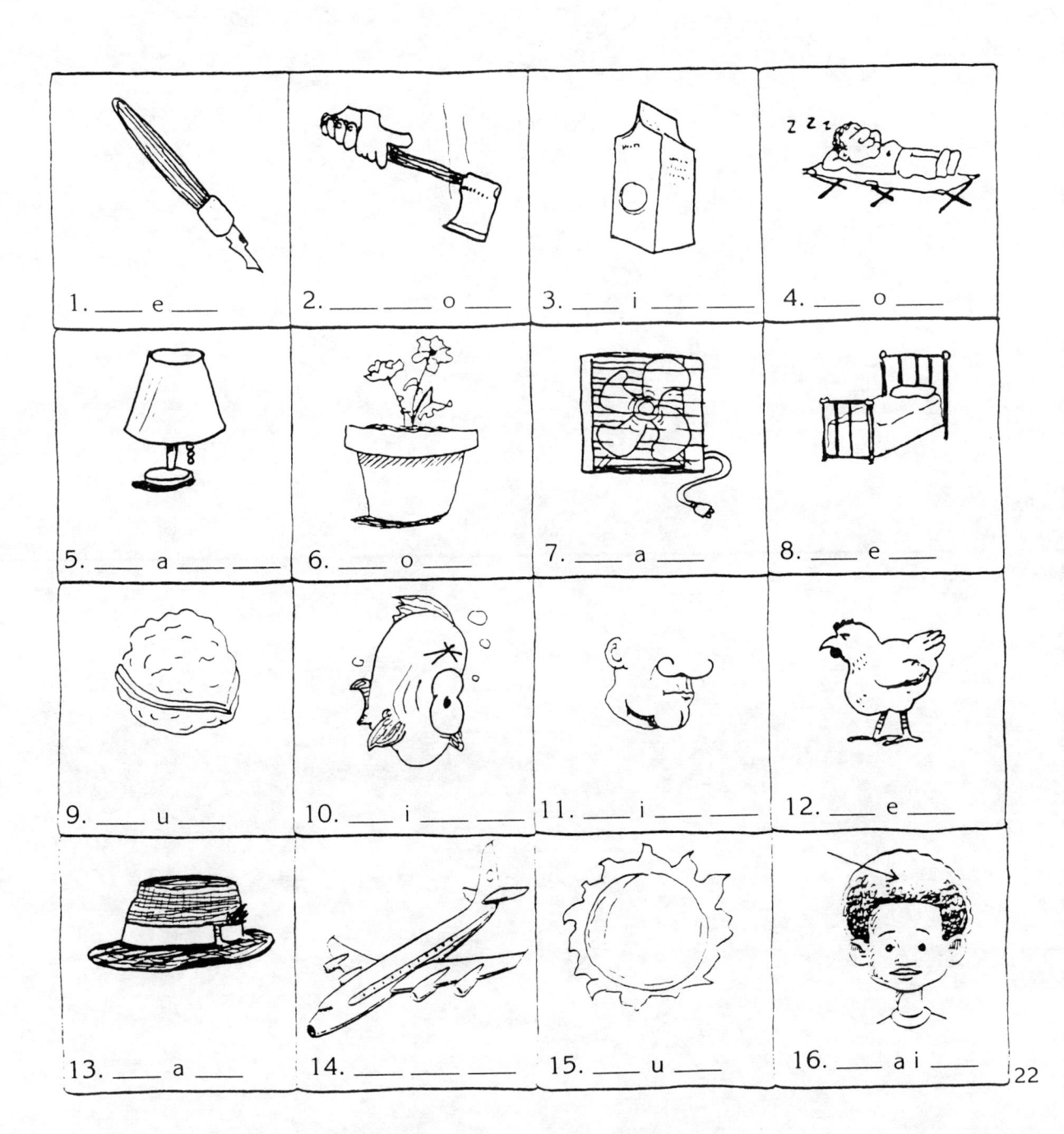

REVIEW

1. __ e __
2. __ o __
3. __ i __
4. __ o __
5. __ a __
6. __ o __
7. __ a __
8. __ e __
9. __ u __
10. __ i __
11. __ i __
12. __ e __
13. __ a __
14. __ __ __
15. __ u __
16. __ a i __

REVIEW

1. __ e __ __ __
2. __ o a __ __
3. __ a i __
4. __ i __ e
5. __ __ u __ __
6. __ u __
7. __ i e
8. __ o a __
9. __ a i __
10. __ __ a __
11. __ __ e e
12. __ i __ __
13. __ u __ __
14. o __ __ __
15. __ e e __
16. __ u __ __

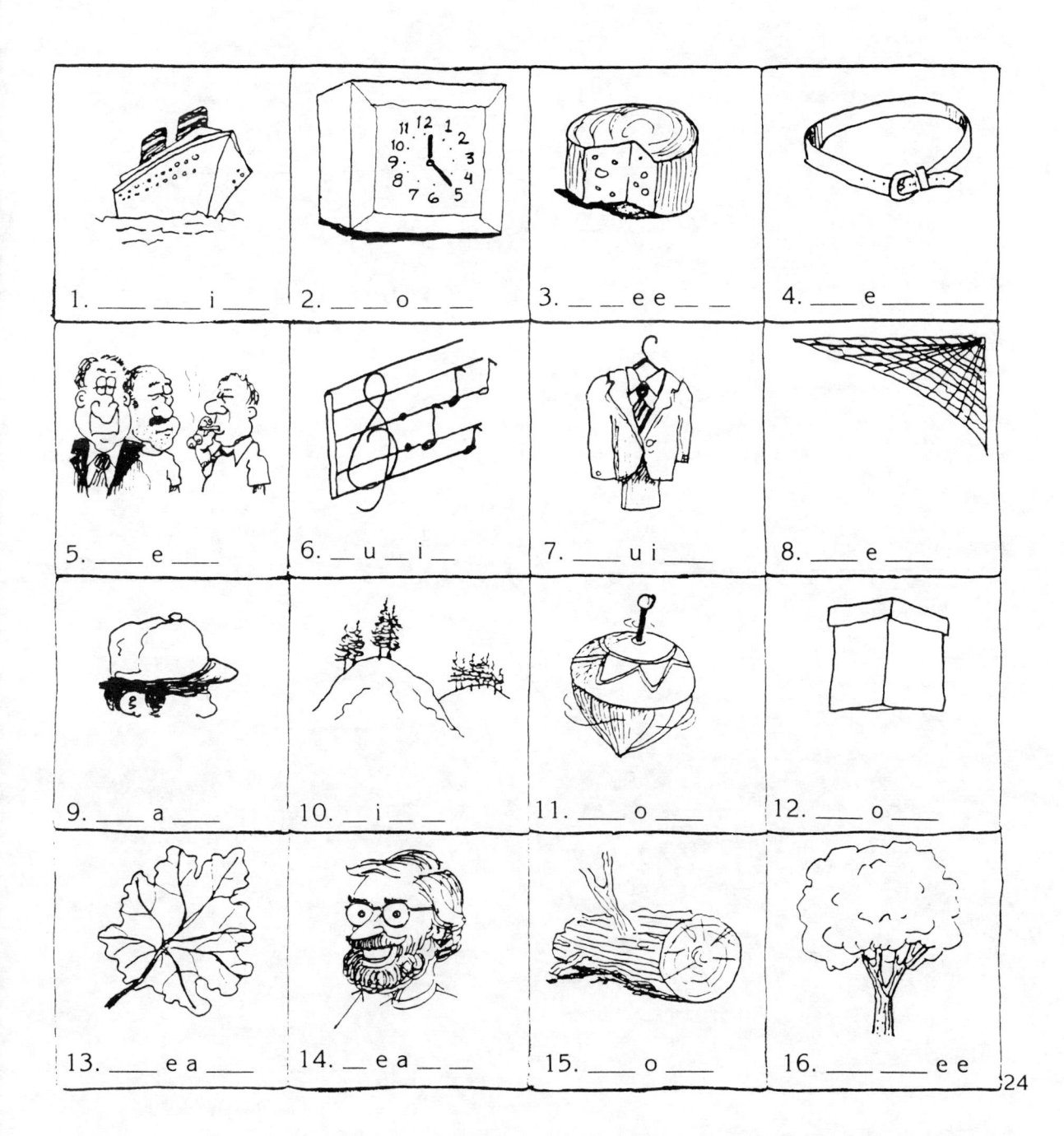

REVIEW

1. ___ i ___
2. __ o __
3. __ e e __
4. ___ e ____
5. __ e ___
6. _ u _ i __
7. __ u i ___
8. ___ e __
9. __ a ___
10. __ i __
11. ___ o __
12. ___ o _
13. __ e a __
14. __ e a __
15. __ o __
16. ___ e e

REVIEW

1. __ e __
2. __ e __
3. __ o __
4. __ i __
5. __ e a __
6. __ a i __
7. __ u __ e
8. __ __ u i __
9. __ o c __
10. __ u __
11. __ __ __ __ __
12. __ o c __ e
13. __ e a __
14. __ u __ __ o __
15. __ u i __ e
16. __ __ u c __

Dictation and Answer Key

Page 1 — B C D F

Pictures
1. cab
2. bed
3. bee
4. food
5. cub
6. bib
7. cob
8. dad

Dictation
1. cod
2. bad
3. did
4. fad
5. dud
6. cuff
7. bead
8. dub
9. fed
10. cad
11. bid
12. dab
13. fib
14. cud
15. Bob

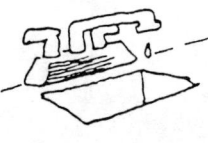

Page 2 — G L M P

Pictures
1. leg
2. lip
3. log
4. mop
5. mug
6. pail
7. gum
8. pig

Dictation
1. gal
2. lag
3. mail
4. pam
5. gull
6. lap
7. mom
8. pal
9. gag
10. map
11. pep
12. pull
13. lug
14. gap
15. loom

Page 3 — B C D F G L M P — Review

Pictures
1. cap
2. dog
3. bug
4. cop
5. map
6. big
7. fall
8. bag

Dictation
1. pod
2. bad
3. fog
4. beam
5. cog
6. cam
7. beg
8. pup
9. fig
10. lad
11. pill
12. fad
13. pop
14. bum
15. dug

Page 4 — T H S K

Pictures
1. sack
2. hat
3. kiss
4. seat
5. tack
6. kick
7. hit
8. sock

Dictation
1. hot
2. sick
3. kit
4. tick
5. sass
6. soot
7. tuck
8. toss
9. hack
10. hiss
11. sit
12. tot
13. hick
14. tat
15. hock

26

Page 5 — B C D F G L M P T H S K — Review

Pictures
1. bat
2. coat
3. pick
4. gas
5. milk
6. tag
7. back
8. pot

Dictation
1. sad
2. cot
3. fit
4. Dick
5. coal
6. dip
7. ball
8. fist
9. cop
10. doff
11. lick
12. get
13. bid
14. dock
15. fast

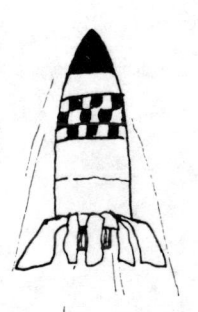

Page 6 — R J N V and Review

Pictures
1. rug
2. run
3. van
4. jet
5. jump
6. vest
7. jar
8. jug

Dictation
1. jam
2. vet
3. van
4. nap
5. veil
6. not
7. ram
8. vain
9. poor
10. mar
11. pan
12. ton
13. John
14. ruin
15. Jack

Page 7 — Q W X Z and Review

Pictures
1. six
2. web
3. queen
4. box
5. zoo
6. fox
7. wall
8. zip

Dictation
1. quiz
2. wet
3. fix
4. size
5. wit
6. lax
7. gaze
8. quip
9. win
10. tax
11. wick
12. daze
13. ax
14. whip
15. quit

Page 8 — Review

1. pin
2. train
3. top
4. bus
5. lid
6. seal
7. soap
8. tub
9. snail
10. tent
11. meat
12. beet
13. belt
14. net
15. lamp
16. nail

Page 9 — Review

1. robe
2. fan
3. rock
4. feet
5. ham
6. bean
7. pick
8. leaf
9. nest
10. sock
11. drum
12. cot
13. flag
14. goat
15. ax
16. suit

Page 10 — Y — Two Sounds
Pictures
1. year
2. pray
3. yell
4. boy
5. yarn
6. hay
7. yolk
8. day

Baby — You
Dictation
1. you
2. day
3. try
4. ray
5. yet
6. may
7. yes
8. pay
9. yam
10. your
11. yip
12. happy
13. yellow
14. play
15. buy

Page 11 — G — Two Sounds
Pictures
1. log
2. gun
3. gem
4. garbage
5. rug
6. page
7. gift
8. garage

Orange — Gasoline
Dictation
1. got
2. age
3. gay
4. dig
5. Gene
6. George
7. gum
8. gin
9. beg
10. tug
11. good
12. Gina
13. gap
14. tag
15. rig

Page 12 — C — Two Sounds
Pictures
1. clock
2. pencil
3. cup
4. juice
5. duck
6. ice-cream
7. bicycle
8. sack

Cigarette — Can
Dictation
1. car
2. cop
3. cigar
4. city
5. pick
6. rice
7. dance
8. Lucy
9. place
10. candy
11. Nancy
12. nice
13. coca-cola
14. Tracy
15. Cindy

Page 13 — P and B Contrast
Pictures
1. cap
2. cab
3. Pat
4. bat
5. rope
6. robe
7. pea
8. bee
9. pack
10. back

Dictation
1. peach
2. bath
3. pie
4. Bill
5. mop
6. tab
7. beach
8. pill
9. pole
10. cob
11. path
12. buy
13. bowl
14. cop
15. mob

Page 14 — T and D Contrast
Pictures

1. seed	2. seat
3. beads	4. beets
5. bed	6. bet
7. time	8. dime
9. dent	10. tent

Dictation

1. tie	9. try
2. let	10. cart
3. had	11. hit
4. ten	12. hat
5. dry	13. led
6. den	14. dot
7. hid	15. card
8. die	

Page 15 — G and CK Contrast
Pictures

1. wig	2. wick
3. rag	4. rack
5. pig	6. pick
7. bag	8. back
9. tag	10. tack

Dictation

1. hag	9. bug
2. lack	10. shag
3. buck	11. shack
4. frog	12. lag
5. lug	13. wag
6. peg	14. frock
7. hack	15. peck
8. luck	

Page 16 — L and R Contrast
Pictures

1. lock	2. rock
3. Bill	4. beer
5. lip	6. rip
7. file	8. fire
9. lake	10. rake

Dictation

1. lace	9. stole
2. dill	10. rash
3. loom	11. room
4. reap	12. store
5. leaf	13. race
6. lash	14. deer
7. tire	15. reef
8. leap	

Page 17 — and H Contrast
Pictures

1. ham	2. jam
2. hug	4. jug
5. hump	6. jump
7. hill	8. Jill
9. hay	10. Jay

Dictation

1. jail	9. jack
2. jaw	10. hello
3. he	11. jeer
4. jell-o	12. hail
5. had	13. joke
6. juice	14. jest
7. job	15. hear
8. hat	

Page 18 — V and W Contrast
Pictures
1. vest
2. west
3. veil
4. wail
5. vine
6. wine
7. viper
8. wiper
9. vet
10. wet

Dictation
1. very
2. we
3. vent
4. why
5. wiser
6. vie
7. vow
8. went
9. while
10. stow
11. stove
12. wary
13. vile
14. visor
15. wove

Page 19 — B and V Contrast
Pictures
1. bat
2. vat
3. boat
4. vote
5. best
6. vest
7. ban
8. van
9. curb
10. curve

Dictation
1. baby
2. vine
3. view
4. robe
5. stove
6. rave
7. boy
8. butter
9. love
10. valley
11. brown
12. mob
13. very
14. bottle
15. berry

Page 20 — SH and CH Contrast
Pictures
1. shoe
2. chew
3. sheep
4. cheap
5. wash
6. watch
7. cash
8. catch
9. sherry
10. cherry

Dictation
1. chair
2. chop
3. sheet
4. shin
5. shop
6. ditch
7. cheat
8. dish
9. cheese
10. wish
11. share
12. witch
13. she
14. chin
15. fish

Page 21 — PH and TH
Pictures
1. elephant
2. telephone
3. photograph
4. pharmacy

1. thread
2. thin
3. teeth
4. three

1. telegraph
2. alphabet
3. both
4. phonograph
5. thank you
6. math
7. Phillip
8. thick

Dictation
9. thumb
10. phrase
11. throw
12. think
13. graph
14. bath
15. with

30

Page 22 — Review

1. pen
2. chop
3. milk
4. cot
5. lamp
6. pot
7. fan
8. bed
9. nut
10. fish
11. chin
12. hen
13. hat
14. jet
15. sun
16. hair

Page 23 — Review

1. desk
2. soap
3. nail
4. fire
5. drum
6. bug
7. pie
8. goat
9. snail
10. pray
11. three
12. girl
13. tub
14. old
15. feet
16. brush

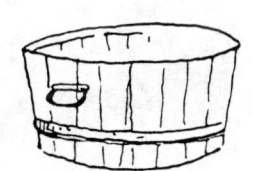

Page 24 — Review

1. ship
2. clock
3. cheese
4. belt
5. men
6. music
7. suit
8. web
9. cap
10. hill
11. top
12. box
13. leaf
14. beard
15. log
16. tree

Page 25 — Review

1. bell
2. nest
3. boy
4. six
5. seal
6. train
7. ruler
8. fruit
9. block
10. trunk
11. beach
12. rocket
13. peas
14. button
15. juice
16. truck